著名漫画家 蔡志
☆ 写给儿童的中

U0640819

历史画中话

西汉：大风起兮云飞扬（下）

沈山明　李　冰 编

·学习历史知识　·培养阅读兴趣　·拓宽文化视野　·启迪人生智慧

江西高校出版社
JIANGXI UNIVERSITIES AND COLLEGES PRESS

总书目

目录
CONTENTS

王莽与新朝

　　新朝，是由王莽一手导演的中国历史上的一个闹剧，这个闹剧是怎么开场的呢？话得从西汉末年说起。

　　步履蹒跚的西汉，到了晚年是什么样子呢？土地兼并，政治腐败，社会动荡，真可谓多灾多难啊！面对这种形势，不少有所作为的朝廷大臣纷纷向皇帝建言献策。大司马师丹，提出了对贵族豪强占有的田地及奴婢的数量加以严格限制的主张。丞相孔光、大司空何武更是加以发挥，提出了具体的实施措施：从诸侯王到吏民百姓，拥有的田产最多不能超过三十顷；奴仆的数量，诸侯王不得超过二百人，列侯、公主不得超过一百人，关内侯、吏民百姓不得超过三十人；富商大贾不得做官，不得拥有田产。假如有人不遵守规章怎么办？好说，超过的部分一律没收！只可惜，要从老虎嘴里拔牙，简直是痴人说梦！所以，建议刚一提出，就被束之高阁，成为了一纸空文。

　　切中时弊的建议无法实施倒也罢了，谁知就在这个时候，一股荒诞、迷信的风气蔓延开来。汉成帝时，齐国人甘忠四处散布谣言：汉代的气数已经走到了尽头，唯一的办法就是改朝换代。改朝换代？刘姓皇帝当然不会答应。于是，甘忠的弟子夏贺良又帮着他的师父摇旗呐喊。他对汉哀帝说："成帝不应天命，所以绝嗣；现在陛下久病不起，天灾人祸接连不断，这是上天对我们的警告啊！"

　　"如何是好，如何是好啊？"汉哀帝一脸惶恐，手足无措。

　　"我想，"夏贺良支支吾吾地说，"唯一的办法是顺应天命，更改年号吧。"

　　内外交困的汉哀帝还有什么办法呢？也许这是他唯一的救命稻草！于是，在黄门侍郎李寻、司隶校尉解光等人的具体操作下，汉哀帝祭奠天地鬼神，宣布再次受命。主要内容包括：改建平二年（公元前5年）为太初元将元年，改号为陈圣刘太平皇帝。折腾来折腾去，谁知汉哀帝的病情不但不见起色。而且还越来越重。也就在这个时候，夏贺良与李寻、解光等人暗中勾结，企图罢免丞相、御史等人的官职，妄想把持朝政，操纵皇帝。虽然他们的阴谋没有得逞，但是刘姓皇帝是颜面扫地，威望尽失。

　　外戚世家出身的安汉公王莽趁机大肆笼络人心。据说，当时王朝内外对他是赞赏有加，简直是把他当成救世主啊！没多久，他就在地主官僚的拥护下，撕掉了伪善的面皮，在公元8年12月，自立为皇帝，改国号为"新"，从此，西汉也就"寿终正寝"了。

奇人东方朔

东方朔自小饱读诗书，其为人滑稽多智兼带玩世不恭，且自视甚高，怀着满腔的政治抱负来到京城，期望得到天子的赏识。他最初被闲置在公车署待诏，后来想方设法接近皇帝并被任命为官，官至太中大夫。这时，终不见用的东方朔蓦然发现，自己不过是个供天子取乐的俳优。

建元元年（公元前140年），年轻的汉武帝刚即位，立刻颁布求贤令，广征天下贤良及文学之士。

席子，上好的席子。

来啊，来买又香又甜的瓜啊！

一时间，四方才子汇聚长安，纷纷至公车署上书。

这位先生，看您相貌不凡，一定是去公车署上书的吧？

来个甜瓜？便宜卖您，日后若当了贵人，常来照顾小人生意便是。

这……白送可不行，那您买个瓜，我再送您别的？

哈哈，我只有这一车简牍，没钱买瓜啊。

公车署

算你有眼光，不如把瓜送我吧，等我当了丞相，就把你的瓜全包下，如何？

叽叽喳喳—

文学之士：汉代的"文学"即学术之意；文学之士是指通文辞、有才学的人。公车署：官署名，由公车司马令主管，是处理朝廷征召和吏民上书事的机构。

平原厌次：今山东省滨州地区惠民县。九尺三寸：汉时一尺约合今二十三点三厘米，九尺三寸约合今二点一七米。目如悬珠：形容眼睛明亮如珍珠。齿若编贝：形容牙齿洁白整齐。孟贲、庆忌：均为战国勇士。尾生：传说中坚守信约的人。舍人：古代王公贵宦的侍从、宾客、亲近通称舍人。

这个人太狂妄了，多读了几年书有什么了不起的！

哦？有意思……

陛下您不是要听我弹琴的吗？

你先下去吧，朕要好好读读他的书。

两个月后

啊——

陛下看完东方朔的书了？

是啊，这个人虽然自大不逊，但见解倒颇为深刻。

是个奇人，就让他在公车署待诏吧！

知了——

知了——

就让我待诏公车，见都不见我一面？

公车署

天下人才济济，能留下就不错了，待在这里，还是有机会见到皇帝的。

东方兄，待诏无事，不如跟我们下盘棋吧。

是啊，打发打发时光。

就这样，东方朔在公车署待了很久，一直都没能见到汉武帝。

发俸禄了，每人钱二百四，再去隔壁领一囊粟。

我千里迢迢来长安，就是为了待在公车署领这点俸禄吗？

禁宫重重我不得入，再这样等下去，

即使到白发苍苍，恐怕也见不到皇帝！

那儿再擦干净点。

哎？有了！

喂，你们死到临头还那么开心啊？

不知道吗？你们不能耕田、不能为官，也不能打仗，连车都擦不好，对国家没丝毫用处，只会白白浪费衣食。

陛下已经决定把你们统统杀掉了！

啊？！

我们的确什么都不会，怎、怎么办？

我不想死啊……

唉，看你们那么可怜，我给你们出个保命的主意吧。

御驾经过时，你们就上去叩头请罪。

若天子有问，大可推到我东方朔身上，保管无事。

噢？东方先生真是好人！

次日

陛下饶命，陛下饶命啊——

什么事？

朕又没要杀你们，饶什么命？

呃？

可是待诏公车署的东方朔说，陛下要处死我们啊。

那个目如悬珠、齿若编贝的奇人东方朔？

第三日

宣东方朔觐见——

臣先前并未骗陛下，这是久久不得召见才生出来的。

哼，你小子鬼主意真多。

慢着，朕先看看你的牙齿。

臣朔……

哈，你胆敢欺骗朕，明明有蛀牙！

你说说，为什么恐吓那些侏儒？

假传朕的旨令可是死罪啊。

臣死了要说，活着更要说。

侏儒长三尺余，臣长九尺余，俸禄同为一囊粟、钱二百四，侏儒饱得要死，臣却饿坏肚皮。

陛下要么重用臣，要么罢免臣，就别让臣在长安饥一顿、饱一顿了。

哈哈哈哈！

东方朔啊东方朔，这么多人想得到朕的重用，可没人像你这么说话的。

好，明天起，待诏金马门！

谢陛下！

金马门：西汉时期宫廷的一个门，门旁有铜马，故谓之"金马门"。

东方朔，来得正好，过来跟朕玩一盘射覆吧。

太好了，这样我就有机会让陛下重用我了！

这些人还说自己是方士，结果一个都猜不中。

你来猜猜，这盂下放的是什么？

陛下想考我？

蓍草和八卦借一下。

射覆：猜测覆盖之物，也指广义上的猜谜。盂：大型盛饭器，与簋配合使用，簋中之饭取自盂中。蓍草：一种多年生草本植物，是一种占卜工具。

说是龙又无角，说是蛇却有足。

陛下，这盂中之物，不是壁虎，就是蜥蜴。

哈，你东方朔还真神了！

陛下过奖了。

原来是寄生藤啊。

嘘，别让东方朔听见了。

陛下，东方朔只是运气好猜中的，请陛下允许臣来放东西，再让他猜。

若中，臣愿受笞百下；若不中，就请赐臣布帛。

哦？好啊。

是蔂莜。

哈哈，我就知道东方朔猜不中的。

陛下您看，明明是树上的寄生藤嘛。

是啊，东方朔，你输了。

臣并没有输。

东方朔利用同一样东西用在不同用途上就有不同名字的这一特点，戏弄了郭舍人一把。

生肉叫做脍，干肉则叫做脯；在树上是寄生藤，到了盂下，不就变成垫盆子的蔂莜了吗？

哇！

哎哟！

啧啧，口无毛，声嗷嗷，尻益高啊。

陛下，东方朔胆敢辱骂您的近臣，罪当弃市！

是啊，你怎么能骂朕的近臣呢？

这回看你怎么开脱。

蔂莜：放在头上用以顶物或放在器物下的环形草垫。尻：臀部。弃市：古代在闹市执行死刑，表示与众共弃，叫弃市。

臣哪有骂郭舍人？

臣只是在说谜语。"口无毛"是狗洞，"声嗷嗷"是待哺食的雏鸟，"尻益高"则是鹤低头啄食。

看来郭舍人没猜出来啊。

绝了，东方朔！

你进宫做个郎官吧，朕开始迷上你的奇言妙语了。

此后，东方朔常得召侍，每次谈话，都让汉武帝大悦，赏赐不断。

但东方朔志在为政，眼前的地位远不能让他满足。

建元三年（公元前138年）

东方君，今夜值班？

是啊，又得通宵不睡了。

同是上书，公孙弘当了博士，董仲舒做了江都相，严助则是中大夫。

我却还是执戟郎官，最多只能说笑逗陛下开心，怎样才能得到陛下的重用呢？

　　郎官：汉代"中郎""侍郎"和"郎中"的通称。博士：古代学官名，掌通古今之学。江都相：江都，今江苏省扬州市；相，百官之长。江都相即辅佐江都长官之职。中大夫：官名，汉代为郎中令的属官，掌议论，与中大夫职能相似的还有太中大夫。执戟郎官：汉代的郎官都要执戟宿卫宫殿。

东方朔，近来可有作新的辞赋？

陛下，太中大夫吾丘寿王求见。

陛下，关于狩猎一事……

这是陛下让臣拟的上林苑兴建计划，请陛下过目。

上林苑？

这样朕就可以在家门前狩猎，也避免破坏百姓的田地了。

好，阿城以南，鄠屋以东，宜春以西，在这块地方上兴建上林苑，饲养百兽，设七十离宫。

陛下，臣认为不妥！

在这片丰腴的土地上建苑囿，将破坏农田、侵占黎民居所。

昔日纣作九市之宫而诸侯叛，灵王起章华之台而楚民散，秦兴阿房之殿而天下乱。

劳民伤财，上无用于国家，下无利于百姓，空损陛下圣名！所以此事万万不可。

愚臣逆圣上意，罪该万死，但忠言逆耳，愿陛下自省。

……

吾丘寿王：复姓吾丘，名寿王。阿城：秦阿房宫别名，在今陕西西安市长安县西。鄠屋：县名，音"轴至"，今陕西西安市周至县。宜春：汉宫名，在今陕西西安市东南。

13

次日

奉天承命，皇帝诏曰：拜东方朔为太中大夫，赐黄金百斤。

谢陛下！

陛下采纳我的建议，认同我的政见了！

大人，那么说兴建上林苑的计划取消了？

取消？没有的事。

陛下已经让吾丘寿王大人开始筹备，马上就要动工了。

什么？！

升了我的官，却完全不采纳我的建议。

陛下，我在您眼中，到底算什么？！

哈哈哈哈——索性我就当个俳优吧!

逗皇帝开心,拿着赏赐享受人生,何乐而不为啊?

啦啦啦……

太中大夫,您怎么在宫里醉成这样?

值、值班……

哈哈,把酒吟诗,避世金马门。

宫殿中就可以避世而全身,何必还要到深山之中、蒿庐之下?

唔,回避一下……

哇啊!太中大夫!

谏阻兴建上林苑失败后,东方朔的行为愈发乖张,人皆称之为"狂人"。

因为诙谐幽默的语言，东方朔得到汉武帝长久的宠幸，常陪侍左右。

东方朔，昨日朕赐肉于众官，你为何不等下诏，就自己先割了一块拿回去？

你该为此自责！

东方朔啊东方朔，受赐不待诏，为何如此无礼？拔剑割肉，为何如此勇敢？

割之不多，为何如此清廉？带回家全给妻妾，又为何如此仁爱？

是。

好了好了，让你自责，反倒自夸起来了。

看你如此"仁爱"，朕再赏你酒一石、肉百斤，回去好好讨好妻妾吧。

朕还有事，先走了。

谢陛下，恭送陛下。

唉……

东方朔仿佛戴着各式面具，置身于动荡的政局之外，在说笑中渐渐老去。

汉武帝虽时常问事于东方朔，但对他的回答通常大笑了之，视其为俳优，最终还是不予重用。

陛下，这是东方朔的新作《答客难》。

哦？他有新作竟然不告诉我。

侍郎：初为宫廷近侍，东汉以后成为尚书的属官。

愚人妄语

　　试想，假如东方朔不假传圣旨，他会被皇上召见吗？如果不被召见，也许就不会有他后来的辉煌。人有时候就是这样，当你循规蹈矩而毫无所获的时候，不妨来个奇招，虽然冒点风险，但既然想出人头地，不用妙招行吗？这也就是我们常说的别出心裁吧！

东方朔割肉遗妻

有天早朝之后，汉武帝一时兴起，当庭诏告："众臣辛苦了，次日在御厨赏赐大臣猪肉若干！"

"有肉吃，好事啊！"侍郎东方朔一脸的喜悦。第二天一大早，他就早早来到了御厨。好家伙，一头肥肥壮壮的肉猪就躺在案板上。可是，负责分肉的太官丞却迟迟不来。这可如何是好？大臣们议论纷纷，看着这白花花的猪肉，口水都流下来了，能不着急吗？但只能无可奈何地在一边看着。

就在这时，东方朔笑眯眯地走上前，拿起随身的佩剑，割了一块肉提在手里，笑嘻嘻地对同僚们说："大热天的，趁着猪肉新鲜，请允许我提早接受天子的赏赐啊！"

话音一落，他就把肉包好，揣在怀里，大步地走出了御厨。

没多久，太官丞就来了，气得他两眼圆睁："这还了得，不把我放在眼里也就罢了，这是藐视皇上啊！"后来太官丞就把这件事添油加醋地上奏给了汉武帝。

第二天早朝，汉武帝兴师问罪："大胆东方朔，昨天赐肉，你不等诏令下达，就私下割肉，该当何罪？"

只见东方朔不慌不忙，跪地请罪。汉武帝哈哈笑道："先生还是站起来自责吧！"

"谢主隆恩！"东方朔拜了两拜，接着说，"东方朔呀东方朔，你真混蛋哟！接受赏赐却不等诏令下达，这是多么无礼呀！拔剑割肉，多么豪壮呀！割肉不多，又是多么廉洁呀！回家把肉全给妻子吃，又是多么仁爱呀！"汉武帝一听，大笑道："好一个东方朔，让你自责，没想到你竟然把自己说得那么高尚！好，再赐给你一石酒，一百斤肉！"

东方朔连连叩头谢恩："吾皇万岁万万岁！"

凤求凰

谁说古人的婚姻古板无趣？西汉的司马相如和卓文君就上演了一出轰轰烈烈的爱情故事。一个才华绝世的穷小子，一个才貌双全的富家女，居然一见钟情！一曲《凤求凰》，让他们心心相印、月夜私奔……这段不被世俗礼教所容许的婚姻终成佳话。

这则《凤求凰》的故事，发生在西汉前期中国西南部秀美丰沃的蜀郡。

凤凰：中国古代传说中的神物，百鸟之王，雄为凤，雌为凰，翱翔千里，非梧桐不栖。蜀郡：今四川省中部偏西地区，治所在今四川省成都市。

临邛县：今四川省成都地区邛崃市。

冰弦：古代琴用丝弦，最佳者呈半透明状，称为冰弦。绿绮：为七弦古琴，中国古代四大名琴之一，其他三大名琴是"焦尾""号钟""绕梁"。

卓王孙

司马君文辞了得，不但入宫当过郎官，还跟随过梁孝王。

您的到来真是令寒舍蓬荜生辉啊。

过奖，过奖。

受不了王兄的再三恳求，还是来了。

长卿，都说你的琴技出神入化，何不让我们欣赏一下？

小姐，那个传说中优雅帅气的司马相如要弹琴耶。

哦？我看看。

啊，是他！

铮铮

啊？这个人不是那天……

他就是司马相如……

等等，刚才那双眼睛，是那天在乐器坊碰到的姑娘！

难道她就是卓文君？

23

几日前

长卿，卓王孙有个女儿叫文君，年十九，新寡在家。

生得如芙蓉一般，还跟你一样喜欢弄琴呢。

铮

正是我寻觅的女子！既然喜欢琴，我不如……

现在要弹的这支曲子叫《凤求凰》。

凤求凰？！

凤兮凤兮归故乡，游遨四海求其凰。

有一艳女在此堂，室迩人遐毒我肠，何由交接为鸳鸯？

小姐，司马公子托我把这个交给你。

次日夜晚

真的？快给我！

相如……

凤兮凤兮归故乡，游遨四海求其凰。文君，这首诗的每个字都是我的真心话。但你是千金之躯，我空有满腹文辞，却无甚家财。若我向卓公提亲，不知你我能否成为鸳鸯？

快，帮我收拾几件衣服，顺便把我的琴拿来！

小姐，难道你要……

相如，你带我走吧，我爹很势利，绝不会同意你娶我的！

我们私奔吧！

……

笃笃笃——

来了。

好，跟我回成都！

成都：今四川省成都市。

咳咳!

夫君,息怒啊。

臭小子,我好意款待你,你竟然拐走我女儿?!

文君,本应杀了你以洗家门耻辱,我暂且放过你。

夫君!

但别想我再分你一文钱!挣不着钱,看你们怎么活?

抱歉,当初以资为郎官,花掉了家中许多钱。

后来我辞官游历多年,父母死后家中就徒剩四壁,你要受委屈了。

不,夫君,别这么说。

只要我们恩爱,有琴足矣!

成都

到了,娘子,这就是我们的家。

一对凤凰志趣相投、恩爱有加,日子过得虽然清贫,倒也幸福甜蜜。

但随着时间的推移……

唔,好饿啊。

夫君,已经快没有吃的了。

我们回临邛吧,向我兄弟借钱也能活下去,何必过现在这样的苦日子呢?

是我没用。

好，回去吧，把车骑卖了，买个酒肆，我们卖酒为生！

新开了家酒肆，进去看看啊。

临邛

几位客人请随便坐。

要点什么？

卓家小姐？！

娘子，盘子洗好了。

放这儿吧。

司马长卿？！

卓家小姐卖酒，司马长卿穿着犊鼻裈洗盘子？！

咳咳！这个臭丫头，她想气死我不成？

弟弟！

明天起我不出门了，丢不起这张老脸！

犊鼻裈：裈音同昆，指一种短裤，其状如牛犊的鼻子，因此得名，多为下层百姓和农人劳动时的穿着。

27

还有你这个臭小子，不要以为年轻体壮就可以穿那么少，都晒成炭了。

是，爹……

娘子，上车吧。

夫君，你是故意穿上犊鼻裈来刺激我爹的吧？

说什么呀？这不全是你的主意吗？

几天后，卓王孙给文君家童一百、钱百万，以及作为嫁妆的衣被财物若干。

文君与相如回到成都，从此过起了衣食不愁的富裕生活。后来，司马相如的才华受到汉武帝的赏识，得到重用。多年后，相如担任通西夷的使者回到蜀地，得到当地人极大的尊敬，卓王孙则直后悔没早认这个女婿。

西夷：指西南少数民族。夷，古代对少数民族的一种称谓。

愚人妄语

　　一曲《凤求凰》，把司马相如和卓文君两个年轻人的心拴在了一起，这也许就是情趣相投吧。有了相同的情趣，即使是门不当户不对，他们也毅然决然地走到了一起。面对生存的艰难，卓文君毫无顾忌地放下千金小姐的架子，做起了当炉卖酒的老板娘。是啊，人生一辈子，苦与乐并不是财富能衡量得了的，两情相悦，鸾凤和鸣岂不是人间一大乐事？

汉赋四大家

说到汉赋，自然离不开汉赋四大家——司马相如、扬雄、班固、张衡。这四个人，在汉代文学史上可谓是举足轻重啊！

司马相如，字长卿，蜀郡成都人，西汉辞赋家。《汉书·艺文志》著录司马相如赋二十九篇，今存五篇，其中《子虚赋》《上林赋》是其代表作，也是汉赋中最优秀，影响最深远，具有典范意义的作品。司马相如也因此被后人称之为"赋圣"和"辞宗"。鲁迅深有感触地说："武帝时文人，赋莫若司马相如，文莫若司马迁。"

扬雄，字子云，是继司马相如之后，对汉赋发展产生深远影响的又一赋家。他和司马相如可是同乡，只是他的辈分小了一大截。他出生在西汉末年，曾经在王莽当政的新朝做过校书天禄阁。从小好学的他，博览群书，长于辞赋，只可惜天生口吃，直到四十余岁，才被皇上召见。他的代表作品有《河东赋》《羽猎赋》《甘泉赋》《长杨赋》等。

班固，字孟坚，东汉人，少有才名，后因《两都赋》而闻名天下。他的家世可不一般啊！父亲班彪、伯父班嗣，都是当时著名的学者。据说，班固九岁能属文，十六岁入太学，博览群书，对于儒家经典和历史是无不精通。班固不但是一个辞赋大家，而且是一位史学巨擘。他的《汉书》是继《史记》之后中国古代又一部重要的史学著作，被列入"前四史"。

张衡，字平子，东汉人，少善属文，精于天文历算。他的头衔可不少，他既是杰出的辞赋家，也是东汉时期最伟大的天文学家和发明家。他的词赋以《西京赋》《东京赋》见称于世，除此之外，还有《思玄赋》和《归田赋》。实实在在说，辞赋远远不是张衡最主要的东西，他发明的浑天仪和地动仪，轰动一时，他也因此被后人誉为"科圣"。因为他的突出贡献，联合国天文组织将月球背面的一个环形山命名为"张衡环形山"，将太阳系中的1802号小行星命名为"张衡星"。后人为纪念张衡，在南阳修建了张衡博物馆。

千秋史笔

司马迁家族世代是朝廷天文官、史官，司马迁在他父亲死后三年继任为太史令，后来因"李陵事件"触怒汉武帝，遭受宫刑。受刑后的司马迁痛不欲生，但他想起了父亲的遗愿和自己的理想，出狱后发愤著书，最终完成了《史记》这部上起黄帝、下迄汉武帝的巨著。

汉武帝天汉二年（公元前99年），夏

夫人，太史令大人在家吗？

壶大人，好久不见了。

夫君在家，请进来吧。

啧啧，院中的草都长这么高了？

让大人见笑了，夫君整日忙着写书，没时间打理。

怎么不多请几个佣人呢？

唉，他那点俸禄连笔墨钱都不够，哪还有多余的钱养佣人啊？

夫君，

我写东西呢，不吃午饭了。

是太中大夫壶大人来了。

　　太史令：汉武帝以前为史官及历官之长，地位较高。汉武帝之后地位降低，只专掌天时星历。太中大夫：秦代始设，为司掌宫中议论之官。

收一

太史令
司马迁

随便坐吧。

子长，我有点不明白，昔日孔子无明君可投，不得重用，故作《春秋》。

如实记录那君不君、臣不臣的乱世，以明是非礼义，警醒后人。

子长，《太史公书》你已写了五年了，写到哪了？

高皇帝本纪。

壶遂？

可如今皇上圣明，你也得到任用了，这么执着地写史书，又为了什么呢？

你说的一半对，一半不对。

《春秋》采善贬恶，对夏商周三代褒赞有加，而不是一味地讥讽世事。

如今陛下圣明、四方来朝，作为太史令更应该记录下这明主贤臣的盛世啊，否则就是失职了！

而且这也是家父的遗愿……

唉，不跟你讲这些大道理了，最近有什么新闻？

唯一的新闻就是陛下又派贰师将军李广利去打匈奴了。

哼，为了让外家立功封侯，不辨贤愚就授予军权。

哦？！

对了，李广的孙子李陵也被派往前线了！

几天前
未央宫

李陵，我准备派你去支援贰师将军，为他押送辎重……

恕臣难以从命！

陛下，臣请自当一队以分散匈奴兵力，减轻贰师将军的压力。

贰师将军李广利：李广利是武帝宠姬李夫人的哥哥，为让他得以建立功勋、封侯，汉武帝让李广利领兵伐匈奴。

臣不需要骑兵，愿以少胜多，只要五千步兵已足以横扫单于王庭！

不愿意做别人的下属？果然是将门虎子！

不过，由于贰师将军带走了骑兵主力，朕已经没有骑兵能拨给你了。

真勇士！飞将军若九泉之下有知，也可瞑目了。

是啊。

不说这些了。

这几日天气甚好，公孙大人在郊外设宴款待百官，你我同去吧！

不去，我得专心写书，以后应酬、玩乐之事都别找我了。

……

天汉二年，秋

哈呼、哈呼！

报——贰师将军的三万大军被匈奴重兵围困，情况危急！

什么？！李陵的军队呢？他不是去分散匈奴兵力了吗？

报——骑都尉李陵在浚稽山遭遇单于率领的军队。

初战大捷，五千人将匈奴三万人打退！

五千步兵打退了三万匈奴骑兵？

什么？！

哈哈，李陵，朕果然没有看错你！若此役得胜，定重重赏赐你！

然而事情没有汉武帝想象的那么简单，匈奴久攻不下，遂增兵八万，围逼李陵，李陵且战且退。

哒哒哒哒——

咚——

天汉二年，冬

匈奴来……了！

杀啊——

杀了汉人！李陵快快投降！

陛下，李陵无颜面再见您啊！

在敌众我寡、箭矢用尽而无后援的情况下，李陵一部几乎全军覆没。

骑都尉：汉武帝设此官，与奉东都尉、驸马都尉并称三都尉，骑都尉主监羽林骑兵。浚稽山：在今蒙古国境内阿尔泰山脉中段。

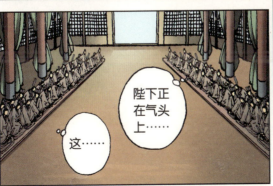

是啊, 兵败事小, 失节事大。

……

不杀不足以平民愤啊。

太史令, 你好像不太同意大家的意见, 说说你的看法。

陛下, 臣确有不同看法。

李陵率五千步兵力战十一万匈奴精骑,

最后矢尽道穷仍拼死力战, 此等壮烈, 即使是古代名将也不过如此啊!

壮烈? 但他最后是自己走下战马的!

也许只是诈降, 准备将来找机会再报效国家。

无论如何, 都是李陵牵制了匈奴主力, 贰师将军才得以全身而退啊。

你……

贰师将军李广利

放肆!

你竟然明目张胆地忤逆朕，为李陵评功摆好。你这样做无非是想诋毁贰师将军！

哼！

来人！把这个替叛臣开脱罪责的司马迁带下去，交廷尉审讯！

啊，陛下，冤枉啊，臣只是说了应该说的话！

各位大人，你们都说句话啊！

……

经廷尉裁定，太史令司马迁犯诬罔皇上罪，依法处以死刑。

天汉三年，春

啊……

依大汉刑律，可用五十万钱赎罪免死，离冬至还有大半年，让家人赶快筹钱吧。

壶大人，我们家根本拿不出五十万钱。

夫君没有兄弟，我只能求助于您了……

夫人快请起。

廷尉：最高司法官，掌刑狱。

关于司马迁究竟是直接被判处宫刑，还是先被判死刑后来才以宫刑代替的，历来都有争议，本故事取后一种说法。腹诽罪：没有说出来，但在心中诽谤皇帝。汉武帝元狩六年公元前117年，大农令颜异被人陷害，以"腹诽罪"被处死。

人固有一死，但有重于泰山，或轻于鸿毛：此句摘自司马迁的《报任安书》，与原文稍有差异。

究天人之际，通古今之变，成一家之言：语出司马迁《报任安书》。《太史公书》：《史记》的原名，意思是太史公的记录。

汉武帝天汉四年（公元前97年），出狱后的司马迁被任命为中书令，开始发愤著书，七年后终于完成。这部以春秋笔法写成的《太史公书》涵盖了中华民族三千年风云变幻的悲壮，成为中国第一部纪传体史书。这部巨著同时也被打上了这位精神和肉体的强者悲愤的烙印，一直流传到现在。

中书令：为皇帝处理文书收发事务的宦官之长官。春秋笔法：特指孔子编写《春秋》的写作技巧，以简短的文字来表达丰富的内涵，并带有作者的主观倾向。

愚人妄语

　　一部《史记》，让司马迁名垂千古。但我们在赞叹之余，不妨学学司马迁骨子里的东西——为了理想而忍辱负重、自强不息的精神。一般人若身受宫刑，定会一蹶不振，可是他呢？仍然是孜孜不倦，无怨无悔，最终完成了"通古今之变，成一家之言"的史学巨著——《史记》。看来，行动永远比口号重要。

司马迁与《史记》

《史记》，原名《太史公书》，是一部纪传体史书，也是中国历史上第一部纪传体通史，被列为"二十四史"之首。它记载了上至上古传说中的黄帝，下至汉武帝太初四年（公元前101年）共三千多年的历史。与后来的《汉书》《后汉书》《三国志》合称"前四史"。

一部《史记》，影响了数代文人墨客。可是，这样一部重要的著作，为什么偏偏是司马迁完成的呢？

司马迁，生于公元前145年，死于公元前90年，字子长，夏阳（今陕西韩城南）人。司马迁自小就聪慧出众，不但记忆力惊人，而且博览群书，十岁时，就能诵读《尚书》《左传》《国语》《系本》等著作。不过，天资好还不是成才的关键，博学多才的他，早年又受学于孔安国和董仲舒等国学大师。他二十岁开始游历天下，踏遍了祖国的山山水水：越洞庭，出长江。辗转钱塘，上会稽，探禹穴。之后，又北上渡江，过淮阴，至临淄、曲阜，考察齐鲁文化，瞻仰孔子遗风。再加上其博闻强识和家庭的史学渊源，成就《史记》的任务自然就落在了他的肩上了。

这样一部巨著，司马迁是如何精心构建的呢？他把《史记》分为五大板块：本纪、世家、列传、书、表，全书共一百三十篇，五十二万六千五百余字。

本纪，共十二篇，主要记述历代帝王的政绩；世家，共三十篇，记述的是诸侯王国的兴衰事迹；列传，共七十篇，记述的是大臣们的言行事迹；书，共八篇，记述的是各朝各代的各种典章制度，以及礼、乐、音律、历法、天文、封禅、水利和财用等事项；

至于表，顾名思义，记述的自然是不同朝代的重大事件。

前面不是说《史记》影响了数代文人墨客吗？是的，它首创的纪传体编史方法不但为历代"正史"所传承，而且作者那种不粉饰、不阿谀的写实精神，也为历代学者所敬仰。难怪鲁迅先生说它是"史家之绝唱，无韵之《离骚》"啊。

假面王莽

有人说他是表里不一的伪君子，有人说他是意识超前的改革家；有人说他是跳梁小丑，有人说他是悲剧英雄……其实他可能并没有那么复杂，他可能只不过是个志大才疏、夸夸其谈、会说不会做的可怜虫而已。

予：王莽自称。

《礼经》：中国古代五经之一，是一本仪礼书，内容涵盖与古代礼教相关的哲学见解和各种详细的日常生活行为准则。

伯父，我不会辜负您的期望。

我一定更加努力，为咱们王家争光。

子曰：学而时习之，不亦乐乎……

王莽在王凤的推荐下当上了黄门郎。从这个芝麻绿豆官开始，他一步步向权力的巅峰迈进……

王光，王光，你叔父又来看你了。

哇！又有好吃的了。

莽叔叔，您那么忙，还惦记着侄儿……

王光的叔叔真是大好人啊。太感动了！

你爹爹不幸早逝，你就当我是爹爹好了。

大人，您又送来这么多吃的和美酒。

我们都沾了王光的福气呢。

哪里，哪里。

尊师重道，应该的嘛！

哈哈哈——

哈哈哈——

黄门郎：秦汉时，宫门皆为黄色，故称黄门。黄门郎因在黄门内供职而得名，负责侍从皇帝，传达诏命，又称"黄门侍郎"。

长乐少府：主管太后宫的官职。汉制，太后宫官皆冠宫名，长乐为平帝太后宫名。侍中：侍从皇帝左右，出入宫廷，后来逐渐变为亲信尊贵之职。

可是、可是……

陛下不必为大司马的人选担忧，按例接任此职的是如今的卫尉。

可是无人替朕料理国事，朕就没空跟飞燕姐姐、合德妹妹玩乐了。

也就是太后的外甥、陛下的表兄淳于长。

好球，莽兄！

侯爷，听说卫尉淳于长……

嗯？

出了什么事，莽兄？

没、没什么……

竹简上写着什么？

快给我看看。

没、没写什么……

啊？

如此大逆不道，还说没什么！

飞燕：汉成帝皇后赵飞燕，能歌善舞，深受成帝宠爱。合德：赵飞燕的孪生妹妹赵合德。卫尉：专门统率禁中警卫部队的武官。

私受后宫贿赂、戏辱废后……

这、这些事都是真的？！

嗯……

淳于长下狱而死，予则当上了大司马，所以有人说是予陷害了他。

可难道不是他自己不检点才招祸的吗？予对自己可是严格要求呢……

皇上，恕臣不敬了！

淳、淳于长，你也太张狂了。

这条条都是足以灭族的大罪啊！

就是。

莽兄却还存着一念之仁，想替他掩饰呢。

莽儿，你虽与淳于长一起长大，情深谊重。

可出了这么大的漏子，你不能再护着他了。

谨记叔父教诲！

不要！不要赶予走！

予任大司马才一年啊……

王莽任大司马才一年，汉成帝崩，汉成帝侄子刘欣即位，是为汉哀帝。王莽因得罪汉哀帝的祖母傅氏，被遣回封地……

唉——

新都相：新都侯的相，掌侯国的政事。

我的剑上正好有块宝玉，不如送给相国你吧。

不、不……

收下吧，收下吧……

不行啊，不行啊……

相国是不是觉得这玉太贵重，那好……

啪！

现在可以收下了吧？

……

孔休那时的表情好像很尴尬，为什么会这样？

他也认为予是装模作样的伪君子吗？予可是连亲生儿子都杀了……

啊？侯爷回府了！

怎么回事？一个个慌慌张张的？

孽子、孽子啊！

我饶不了他！

侯爷、侯爷请息怒……

不行！我要饶了他，别人会怎么说？纵子行凶、虐杀奴婢……

我、我怎么还有脸见天下人？

糟糕。

老爹回来了！

王莽之子 王获

来人！备毒酒！

夫人！夫人醒醒……

夫人，夫人予对不起你啊，予亲手杀了两个儿子。

不过，我们的女儿，不是当上了母仪天下的皇后吗？

55

太皇太后，皇上归天了！

汉哀帝元寿二年（公元前1年）

太皇太后王政君

快、快把哀家的侄儿王莽叫来。

皇上驾崩事出突然，又无子嗣继位。今后汉家天下就得倚重你了。

臣以为当今之计，是立即策立新皇。

中山王刘衍为元帝嫡孙，仁德睿智，可即天子位。

天子即位，四海臣服。

越裳氏送来白雉一只，以作进贡。

刘衍继位，即汉平帝。太皇太后临朝掌政。

哦，真漂亮！

白雉可是祥瑞，是天下大治的象征呢。

啊？这么多奏章？

这些奏章都说祥瑞出现，是因为大司马王莽辅政有功，要朕封大司马为安汉公。奶奶您看如何？

汉平帝

不知那些大臣是真的认为莽儿劳苦功高，还是想讨好哀家才这么说的？

当然是因为大司马劳苦功高。

越裳氏：中国南方的一个古老部落名，其居住地在今越南义安、河静省。白雉：白色羽毛的野鸡，古人认为是祥瑞之物。

大司马执意不肯受封。

自称卧病在床，不能起身。

莽儿究竟是何意？

继续宣！

大司马实在太谦虚了。

请皇上赏赐了孔光等人，再封赏大司马吧。

好、好！

孔光等四人皆已受赏赐，请大司马速入朝受封。

什么嘛！

一个要封，一个不受，累死的却是我们这些跑腿的。

臣王莽领旨！

皇上年幼，治理天下真是难为他了。

莽儿，哀家封你为安汉公的用意，你可知道？

臣当然知道责任重大，不过皇上虽年幼，但若行过大婚之典，

不也就算成人了吗？

什么？给朕立皇后？

皇后是个什么东西？

论门第、论品貌，我女儿都算得上第一。

国丈之位，非我莫属了吧？

安汉公，各王侯世家的千金名册送到。

这么多人啊？

我女儿怎样才能脱颖而出呢？

"臣之女无才无德，不宜与众佳丽并列为皇后候选人……"

难得莽儿如此谦虚，那就把他女儿的名字去掉吧。

司马门：汉时皇宫的外门，因宫内四面皆有司马官员守卫，故称司马门。当时规定，凡出入司马门的官员，都要下车步行。

女儿、女儿！大喜啊——

你就要当皇后了！

女儿？

女儿当上了皇后，可她为何总是以泪洗面？

对了！有人说平帝夭亡，是予为当皇帝而下的毒手，女儿你是因此怨恨予吗？

予不想篡位，予不是立了孺子刘婴为嗣吗？

予称帝改制，是应上天的符命啊……

抱、抱抱——

孺子刘婴

宣帝的曾孙不是还有五王、四十八侯吗？安汉公为何不立他们，而立个才两岁的娃娃？

不懂了吧。安汉公说了：宣帝的曾孙与平帝是兄弟辈。祖宗的规矩是皇位不可兄弟相继，所以只好立了宣帝的玄孙。

话虽如此，可国家大事总不能交给两岁的娃娃来处理啊。

太皇太后，出怪事了……

武功县有人挖出一块白石，上圆下方。

上有朱砂书写"告安汉公莽为皇帝"？！

大胆！

这、这是妖言惑众！

武功县：今陕西省咸阳市武功县西北武功镇。

太皇太后息怒，这块石头不是人工所能为，乃是天意。

安汉公忠心耿耿，岂是篡逆之人？只是孺子年幼，安汉公暂时代行天子之职而已。

太皇太后明鉴！

公元5年，王莽代摄皇帝之职，称为"假皇帝""摄皇帝"，并于第二年改年号为"居摄"。

王莽以假仁义收买人心，借居摄之名，行篡汉之实。

你们可愿与我一同讨伐这大逆不道之人？

东郡太守翟义

讨伐汉贼，万死不辞！

什么？翟义立严乡侯刘信为天子，聚集数十万众叛乱？

快、快把孺子抱来。

东郡：郡名，治所在今河南濮阳市西南。

齐郡：西汉先设临淄郡，后改齐郡，治所在今山东淄博市临淄区。

报——

报——

到处都出现符命异兆，到底昭示着什么？

我看是老天爷想要安汉公做皇帝吧。

哀章

哦……

第二天
汉高祖庙

高庙仆射

啊？

吾乃天使，特将天命铜匮书符付汝……

"赤帝行玺某传予黄帝金策书"？

我的天！

仆射：本为君主左右的小臣，古代重视射术，以其中善射者掌事，故名仆射。仆射常在官名前加所领职事作称号，意为该职之首，如高庙仆射即指守高祖庙之长。

这、这是真的？

赤帝，不就是指高祖吗？黄帝，予王氏正是黄帝之后啊……

这分明是高祖要将传国玉玺交付于您，要您代汉而立。

既然是高祖显灵，天命难违，予也不敢再推辞了。

孺子退位——

嘻嘻，哈哈……

平民哀章所伪造的这份金策书，终于使王莽下定了代汉自立的决心。公元8年，王莽称帝，建立新朝，并按照金策书中的名单大封公侯。当然，哀章也在受封之列。

予原想将来还政于你，无奈迫于皇天威命，不得如愿啊！

苍天！您既然降命把国家交给王莽，为何又令叛贼蜂起呢？

予为恢复圣人礼教、拯救国计民生，做了多少努力啊……

皇上，王邑将军父子都为国捐躯了！

新朝天子有令：奴婢为私属、土地为王田，统统严禁买卖。

民户男丁不满八人而占田超过九百亩者，分余田给九族、邻里、乡亲。

如此一来，百姓不必再受流离失所、骨肉分散之苦了吧？

天子一改制不要紧，我们几辈子攒下的田地，都要落到穷鬼手中了。

怕什么？你不会把家分给儿子们？

一户八人九百亩，一户一人不也是九百亩？

嘻嘻，哈哈。

嗯？

停车，快停车。

皇帝说，"劉"字可拆成"卯""金""刀"三字。

所以金属所铸的刀币是不祥之物，禁用。

反贼、反贼，又是反贼！还有匈奴掠边、高句丽叛乱……

他们就这么不服予的新朝吗？你们都是干什么吃的？

这……

予曾经改匈奴单于为降奴服于，匈奴老实了一阵子。

现在予决定改高句丽为下句丽，这些蛮夷想不服都不行！

皇上圣明、圣明……

可国中的反贼怎么办？

哼！

予有办法。

不是说有平贼良策吗？

皇上大张旗鼓地到郊外去干什么？

天知道。

这是……

愚人妄语

　　王莽的历史形象是负面的，不过，细心推究，不难看出，他确确实实是一个冤大头。冤在哪里？皇帝无能，取而代之错了吗？家国天下，岂能庸者居之？再说了，看看他的改制，哪一项不具有民本意识啊！抑制兼并，抑制豪强，那是老百姓拍手称快的事情，只可惜，那个时代容不下他这个叛逆者。看来，为人处事还得学会见风使舵才行。

王莽改制

王莽改制，又称王莽新政。让人费解的是，当了皇帝的王莽，你跟着前朝按部就班好好当一个太平皇帝就行了，为什么要改制呢？其实，他也有不得已的苦衷。

西汉走到了后期，老百姓的赋税劳役不堪重负，贵族豪强的土地兼并日益严重，农民起义的呼声是此起彼伏。这社会，就如同一个炸药桶，只要给一根引线，就会轰然爆炸。问题到了如此地步，不改制行吗？没办法，为了缓和社会矛盾，巩固自己的政权，王莽没有其他的路可走了。

当然，改制也不是一件简单的事情，怎么改呢？王莽采取了以下措施：

1. "更名天下田曰王田"，规定私人不得买卖，用恢复井田制的办法来解决土地兼并问题。

2. 改奴婢为"私属"，亦不得买卖。

3. 实行"五均六管"，即在国都长安及五大城市设立五均官，政府管理五均赊贷及管理物价，征收商税，由政府经营盐、铁、酒、铸钱和征收山泽税。

4. 改革币制。

5. 改革中央机构，调整郡、县划分，改革官名和地名。

6. 改变少数民族族名和首领的封号。

只可惜，王莽的改制不仅没有缓解西汉末年的社会危机，反而使各种社会矛盾进一步激化。天凤四年（公元17年），发生了百年一遇的全国性的蝗旱灾。那惨状，饿殍遍野，鬼哭狼嚎。老百姓没饭吃了，怎么办？造反啊！于是，王莽也就在农民起义的呐喊声中结束了自己的生命，短命的新朝也随之"寿终正寝"了。

赤眉起义

王莽篡汉后，政令混乱，施政无方，百姓苦不堪言，最终纷纷起义反抗新朝。其中规模最大的是绿林和赤眉两支队伍，他们分别在东、西方反抗王莽政权，最终推翻了暴政。还来不及庆祝胜利，赤眉军就和由原绿林军主力组成的更始帝势力发生了冲突……

王莽篡汉后，行为荒谬无道，朝令夕改，百姓生活水深火热，各地民众纷纷起义反抗。其中规模最大的是绿林和赤眉两支义军。

吕母将军去世得太突然了，唉……

将军毕竟年事已高，这是无法避免的。

想当年吕将军是多么英姿飒爽……

吕母：中国农民战争史上第一位女豪杰。她为了报县官杀子之仇，自称将军，揭开了新朝末年山东农民大起义的序幕。

酒钱都没有，买冬衣的钱就更……

来，我这有几件厚衣服，你们试试合不合身。

吕母，我们一直欠您酒钱，怎么能再……

那不是小三子吗？怎么还佩带着那把快坏掉的剑呀？

这……

我早就想换剑了，可是没钱呀。

呵呵，我早就知道了。

这把给你，可以换下你的破剑了。

吕母，这几年您一直这样照顾我们，把本来殷实的家底都耗空了……

吕母，您有什么需要帮忙的事吗？

不报答您，我们不能心安呀。

县宰：县令，一县之长。海曲：今山东省日照市西。

儿子呀，为娘的今天终于替你报仇了！

呜呜——

吕将军大仇得报后，又带领我们回到海中，做了海贼。

王莽这个昏君当道，我们不当贼就得饿死。

是啊，所以我还是打算继续当贼。

决不再受王莽的迫害。

猛虎，你打算到哪里去继续当贼呀？

我打算去太山，加入樊崇的义军。

樊崇勇猛，现在已经聚集了数万人。

他那只需遵守"杀人者死，伤人者偿创"的规矩，正合我意。

太山：今天的泰山。杀人者死，伤人者偿创：杀人的要偿命，伤人的也要接受惩处、刑罚。

那就一块去吧！

好！我们一起走！

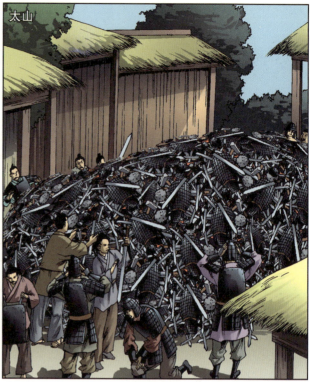

太山

嘿嘿，小子们穿上这个，还真有点士兵的架势了。

呵呵，樊三老穿上盔甲，就真成了将军。

三老，有海曲吕母的部下来加入我们了。

哈哈哈，来得正好。

王莽派大军来攻打，我们正准备和他们决一死战！

你们要是想参加，那就从里面挑一套盔甲和武器吧，这些都是我们的战利品。

樊三老：樊崇起义后，自号三老。在当时，三老是乡、县、郡的教育官，也就是智者。

噢,樊三老真是想得周到呀。

嘻嘻哈哈,看你的眉毛……

哈哈,你的眉毛红色不够正,让我帮你再加点色吧。

从此,樊崇领导的义军被称为"赤眉军"。

大家进攻!

王莽派遣平均公廉丹、太师王匡领兵攻打赤眉军,却被赤眉军打败。樊崇领导的赤眉军在东海一带继续攻城略地,成为东边最大的反王莽势力。

公元23年,王莽被杀于渐台,原为绿林军领袖之一的刘玄称帝,年号更始,以洛阳为都城。

我们听闻刘玄复兴汉室,特来投降臣服。

这些赤眉的家伙好厉害呀!

没想到他竟然如此轻待我们,封我们为列侯,却不给封地。

东海:东海郡,秦汉时治所在今山东省临沂市郯城县北。渐台:当时长安西南部未央宫西面苍池中的一处建筑。

我们在洛阳耽误太久，留在大本营的兵众已经有离叛的现象了。

刘玄既然如此对待我们，就不能怪我们回老巢了。

赤眉将领徐宣

樊崇等人归营后，分兵两路，攻占更始帝统治下的数城后，领兵进至华阴，准备西攻长安。赤眉军此时已拥兵三十万。

哼，回去后我们继续当贼，该怎么做，就怎么做。

这几天军中一直传言，说是城阳景王托梦巫师，对我们进攻长安很生气。

惹怒鬼神，对我们行军会不利吧？

更始荒乱，政令不行，才使将军能够进军至此。

现在将军拥兵近百万，却没有称号，而以贼的名义进军，怕终不能长久。

将军不如立刘姓宗室为帝，挟义诛伐，天下谁敢不服？

华阴：今陕西省华阴市东南。城阳景王：指刘邦的孙子刘章。

好主意！那就从我们军中找城阳景王的后人立为皇帝好了。

飘——

樊将军，这三个人是我们找到和城阳景王血缘最近的人。

前西安侯 刘孝

刘茂

刘盆子

三个人呀，那选谁好呢？

要不由鬼神来决定，让他们抽签？

我听说以前皇帝亲自带兵，都自称为"上将军"。

那就在签上写"上将军"三字，谁抽中了，就立谁为帝好了。

就这么办！

你们三人都过来抽签。

哥，这上面的字是什么意思呀？

牛吏刘盆子抽中签了，大家快拜！

嗷！

哥，他们、他们这是做什么？

弟弟，你现在是皇帝了，这个签要收好。

皇上万岁！皇上万岁！

我、我不要做皇帝!

咔、嚓!

我、我要回去放牛。

啊!

呃,我先带皇上下去沐浴,为皇上准备登基的衣服吧。

各位大人才好继续讨论大事。

右校卒史刘侠卿

好吧,你先带皇上下去。

是。

皇上有了,不能没有大臣呀?

皇上下面最大的是丞相,我看樊崇将军来当最合适。

同意!

同意!

右校卒史:军营中管理苦工劳役的低级军官,刘侠卿当时负责照管牛吏。

84

不行不行，我斗大的字不识几个，我不做丞相，不能做。

对了，徐宣你以前做过狱吏，通《易经》，你来做丞相更合适。

徐将军做丞相也不错呀。

我做丞相？！

徐丞相！徐丞相！

呃，那好吧。我做丞相的话，樊崇将军就做御史大夫吧。

御史大夫也是高官，樊崇将军来当正合适。

哈哈，好！我就做这个御史大夫吧。

接下来该推选什么职位了？

下面接着推选大司马和列卿。

赤眉军在更始三年另立汉皇族后裔刘盆子为帝，并改年号为"建世元年"。公元25年，长安的原汉朝大臣派人迎接更始帝迁都长安。更始帝入主长安后，开始腐败堕落，不问政事，很快就被赤眉军攻进长安，更始帝投降。

赤眉军人数众多，但缺乏有效的管理，进入长安后不得民心，于是向东部老家撤退。光武帝刘秀在赤眉军的撤退途中设置伏兵狙击赤眉。最后，赤眉全军向刘秀投降。刘秀因此崛起。

 愚人妄语

　　当王莽推行新政，压迫百姓时，樊崇能拉起大旗与王莽作对。但当他推翻了王莽的统治，已经凌驾于万万人之上的时候，为什么还要找一个八竿子打不着的刘盆子当皇帝呢？仅仅因为刘盆子是皇室血脉啊！可见，要彻底摧毁旧的观念，如果不想伤筋动骨，恐怕就是一句空话。

绿林起义

公元17年，荆楚大地闹饥荒，走投无路的穷苦农民便推举王匡、王凤做首领，拉起起义的大旗。起义的队伍一下子发展到七八千人，王匡、王凤便率领这支农民军占领了绿林山(今湖北大洪山)，号称"绿林军"。

自以为是的王莽起初还不把绿林军当一回事。可到了公元21年，起义军的势力越来越大，王莽才赶紧派荆州牧率二万官兵围剿绿林军，结果被绿林军打得落荒而逃。

一时间，数以万计的穷苦大众纷纷投奔绿林军，绿林军队伍一下增加到了五万余人。第二年，绿林山不幸发生了瘟疫，义军死得只剩一半。没办法，他们只得兵分两路去寻找新的根据地。一路由王常、成丹率领，西入南郡，号称"下江兵"；一路由王匡、王凤率领，北上南阳，号称"新市兵"。

公元23年，绿林军就推举破落贵族刘玄做了皇帝，恢复了汉朝的名号，改年号为"更始"，绿林军从此也就改名为"汉军"了。

听说刘玄做了皇帝，王莽急得像热锅上的蚂蚁，他紧急调集了四十二万人马，任命王邑、王寻为大将，把昆阳的义军围得水泄不通。那王凤率领八九千义军奋勇守城，又派刘秀带一支人马突围求援。援军一到，内外夹击，王莽军大败。

公元23年九月，绿林军攻入长安，王莽也在义军的吆喝声中成为了刀下之鬼，他所建立的新朝也随之土崩瓦解了。后来，做了三年皇帝的更始帝，在赤眉军和刘秀大军的两路夹击之下，乖乖地投降了赤眉军。虽然轰轰烈烈的绿林起义失败了，但"绿林"二字却成了后世那些聚啸山林、反抗朝廷的英雄豪杰的代名词。

图书在版编目（CIP）数据

西汉：大风起兮云飞扬.下/沈山明，李冰编.—南昌：江西高校出版社，2017.3（2020.12重印）

（历史画中话）

ISBN 978-7-5493-5202-9

Ⅰ.①西… Ⅱ.①沈… Ⅲ.①中国历史—西汉时代—青少年读物 Ⅳ.① K234.109

中国版本图书馆 CIP 数据核字（2017）第 054410 号

责任编辑　刘建梅　谢四玲
装帧设计　小龙工作室

出 版 发 行	江西高校出版社	
社　　　　址	江西省南昌市洪都北大道 96 号	
编 辑 电 话	（0791）88511517	
销 售 电 话	（0791）88170198	
网　　　　址	www.juacp.com	
印　　　　刷	三河市兴达印务有限公司	
经　　　　销	全国新华书店	
开　　　　本	787mm×1092mm　　1/16	
印　　　　张	6	
字　　　　数	60 千字	
版　　　　次	2017 年 3 月第 1 版	
	2020 年 12 月第 2 次印刷	
书　　　　号	ISBN 978-7-5493-5202-9	
定　　　　价	30.00 元	

赣版权登字 -07-2017-256